LES

ROLES D'OLÉRON

PUBLIÉS D'APRÈS

DEUX MANUSCRITS DES ARCHIVES MUNICIPALES DE BAYONNE

PAR

M. FRANÇOIS SAINT-MAUR

Président de chambre à la Cour d'appel de Pau.

PARIS

ERNEST THORIN, ÉDITEUR

Libraire du Collége de France et de l'École normale supérieure

7, RUE DE MÉDICIS, 7

—

1873

LES
ROLES D'OLÉRON

PUBLIÉS D'APRÈS

DEUX MANUSCRITS DES ARCHIVES MUNICIPALES DE BAYONNE

PAR

M. FRANÇOIS SAINT-MAUR

Président de chambre à la Cour d'appel de Pau.

PARIS
ERNEST THORIN, ÉDITEUR
Libraire du Collége de France et de l'Ecole normale supérieure

7, RUE DE MÉDICIS, 7

—

1873

Extrait de la *Revue de Législation française et étrangère.*
(Nº d'avril 1873.)

TOULOUSE, IMP. A. CHAUVIN ET FILS.

LES ROLES D'OLÉRON.

————

Parmi les documents de l'ancienne législation sur le droit maritime, il en est peu qui présentent plus d'importance et aient plus vivement sollicité l'attention des savants que la compilation connue sous le nom de *Rooles ou Jugements d'Oléron*. Cette collection, remarquable à tous égards, a formé, pendant plusieurs siècles, le droit commun du commerce maritime français sur les côtes de l'Océan. Elle atteste l'importance et le développement de ce commerce, et offre pour le jurisconsulte et l'économiste un sujet intéressant d'études.

Ce n'est pas à ce point de vue que je voudrais l'envisager. Elle a, sous ce rapport, donné lieu à une dissertation qui ne laisse plus place à de nouveaux travaux. Un savant, que ses vastes connaissances, sa science du droit et de l'histoire, ont placé au premier rang des jurisconsultes et des érudits, M. Pardessus, en a fait, en l'insérant dans sa *Collection des Lois maritimes*, l'objet d'un examen complet (1).

Je n'ai certes pas la pensée d'ajouter quelque chose à ce remarquable travail; mais il m'a semblé que la publication d'un texte inconnu à M. Pardessus pouvait n'être pas sans quelque intérêt. Les deux copies

(1) *Collection des Lois maritimes antérieures au dix-huitième siècle*, chap. VIII. — Coutumes de la mer connues sous le nom de *Rooles ou Jugements d'Oléron*, t. Ier, p. 283 à 354.

que je publie font partie des archives municipales de
la ville de Bayonne, et fournissent une nouvelle
preuve du mouvement commercial de cette cité sous
la domination anglaise. La première (moins complète,
mais plus correcte) est en langue française, et paraît
avoir été écrite dans la seconde moitié du quatorzième
siècle; l'autre, pour laquelle on a employé l'idiome
local, semble appartenir au quinzième. Elles m'ont
été signalées par un de mes amis, M. Jules Balasque,
auquel ses travaux sur l'histoire de sa ville natale ont
fait acquérir une connaissance complète de ses belles
archives, et qui a déposé, dans un ouvrage récemment publié, le fruit d'études sérieuses (1).

Je les ai examinées, et j'ai pensé qu'elles gardaient
encore quelque prix, même après la publication de
M. Pardessus. Le texte de cette publication est, si je
puis ainsi parler, *éclectique*; l'éditeur a étudié les
différents manuscrits mis à sa disposition; et, tout en
donnant la préférence à ceux qui figurent dans les
dépôts de Londres (2) et d'Oxford (3), il ne s'est pas
astreint rigoureusement à leurs leçons; il les a contrôlées et complétées, soit par les manuscrits français
et les traductions flamandes (4), soit même par les
ouvrages de Garcie et de Clairac, le *Coutumier de
Normandie* (5) et l'*Histoire de Bretagne* de D. Mo-

---

(1) *Etudes historiques sur la ville de Bayonne*, 2 vol. in-8°, 1862-1869.
(Voyez le compte rendu du 1er volume dans la *Bibl. de l'Ec. des Chartes*, V° série, IV, 85).

(2) *Musée Brit.* Cott. Néro, A, 8 6, n° 30.

(3) Bibl. Bodléienne, n° 2254, et *ibid.*, n° 3341, inséré dans le
Black Book of the Admiralty.

(4) Jugements de Damne ou de Westcapelle.

(5) Edition de 1539.

rice (1). Sa sagacité lui avait fait soupçonner l'existence d'autres copies, alors inconnues en France, enfouies dans des archives communales, où leur présence n'était signalée par aucun inventaire. Il m'a paru qu'il était permis de combler la lacune signalée par l'éminent éditeur des *Lois maritimes*. On ne doit pas s'étonner, au surplus, de voir Bayonne posséder deux manuscrits de ces *Jugements*; sa vie commerciale se manifeste, à la même époque, par d'autres documents, et notamment par la *Charte des navigateurs*, également étudiée par M. Pardessus.

Sur le fonds de ces pièces, je m'abstiendrai de tout commentaire, les détails se trouvant dans la glose des *Lois maritimes*; elle a, si je ne me trompe,

---

(1) Voici comment a opéré M. Pardessus : — Il a pris pour base des vingt-cinq premiers articles les trois manuscrits d'Angleterre (ceux d'Oxford et de la Cottonienne sont d'un style plus ancien que celui du *Black Book*). Il n'a fait usage des manuscrits et éditions de France que pour insérer dans le texte les dispositions ajoutées et intercalées par eux, en en faisant l'observation. Pour les articles 26 et 27, qui ne figurent pas dans les manuscrits anglais, il a eu recours aux anciennes éditions françaises. Les articles 28 à 35 ont été empruntés au *Black Book*, en suivant l'orthographe de la copie remise par M. Séguier. Quant aux vingt derniers articles, qu'on ne connaît pas en manuscrit, il a suivi la leçon de Garcie, plus ancienne que celle de Clairac. (*Lois mar.*, t. Ier, p. 320 et suiv.) Depuis la publication de 1828, faite d'après cinq manuscrits (trois anglais et deux français), M. Pardessus a eu connaissance d'un assez grand nombre d'autres documents. Il les énumère au tome VI (p. 484 et 485) et publie le texte d'un manuscrit tiré des archives de la ville de Libourne. L'idiome en diffère assez sensiblement de celui du manuscrit gascon des archives de Bayonne. Il présente, du reste, diverses lacunes et incorrections. Trois des neuf manuscrits découverts par M. Pardessus depuis son premier travail sont conservés à la Bibl. nationale où ils portent les nos 9846, 9848 et 10,991. Les deux textes de Bayonne portent donc à seize le nombre des manuscrits des Rôles d'Oléron actuellement connus.

mis fin aux divergences des érudits sur leur origine , incontestablement française (1).

Les copies de Bayonne reproduisent le texte de la rédaction primitive ; comme les manuscrits anglais d'Oxford et de Londres , les Coutumiers de Bretagne et de Normandie , les Jugements de Westcapelle et la traduction castillanne du treizième siècle , elles ne contiennent que les vingt-cinq articles primitifs (2), auxquels ont été ajoutés plus tard les trente articles insérés par Garcie et Clairac dans leurs éditions , et dont l'origine et la date sont évidemment postérieures. Les conclusions de M. Pardessus se trouvent ainsi corroborées , et il serait aisé , mais superflu , de les appuyer par les preuves que fournissent les archives de Bayonne.

On remarquera l'incorrection de ces textes. C'est , à mon sens , une nouvelle démonstration de l'emploi usuel de cette collection et de son utilité pratique. Elle devait être dans les mains de tous les naviga-teurs bayonnais , et c'est ainsi , sans doute , que la version française , subissant l'influence des variations du langage vulgaire , a dû , sous la main de copistes peu versés dans les règles de la langue en vigueur au moment de la rédaction première , s'altérer gra-vement. Cette observation est particulièrement appli-cable à la version gasconne. La langue en est déjà

---

(1) « Je crois avoir exposé de bonne foi tout ce qu'il y avait à dire » sur ce sujet ; je crois surtout avoir prouvé que la compilation dont » il s'agit, quel qu'en ait été le rédacteur et dans quelque temps » qu'en ait été faite la rédaction, est d'origine française » (Pardes-sus, I, 308 et 309).

(2) La rédaction française ne contient même que les dix-neuf pre-miers articles.

très-voisine du patois qui forme encore le langage
habituel des braves et habiles marins de cette ville,
dignes descendants de leurs ancêtres du moyen âge.

Le texte de M. Pardessus étant, ainsi que je l'ai
dit, le résultat de la collation d'un grand nombre de
manuscrits, j'ai cru devoir le prendre comme terme
de comparaison avec ceux que je publie, et je men-
tionne, en notes, les variantes de fonds ou de forme
de quelque importance entre les deux leçons.

Voici le sommaire des vingt-cinq articles primitifs :

1. Défense au patron de vendre le navire et cas où
il peut emprunter.

2. Défense au patron de mettre à la voile sans con-
sulter l'équipage.

3. Du sauvetage d'un navire naufragé.

4. Du cas où le navire est innavigable.

5. Obligation des gens de l'équipage de ne pas
quitter le navire.

6. De la police du navire et du matelot blessé pour
le service.

7. Du matelot qui tombe malade dans le navire.

8. Du jet pour sauver le navire.

9. Du mât et des ancres sacrifiés pour le salut
commun.

10. Obligation du patron et de l'équipage de bien
décharger le navire.

11. Des pertes arrivées par le mauvais arrimage.

12. Des querelles des matelots entre eux et avec
le patron.

13. Des frais de lamanage.

14. Du droit du patron de congédier un matelot.

15. Du dommage causé par un navire à celui qui est à l'ancre.

16. Du dommage causé par les ancres d'un navire à un autre.

17. Du louage des matelots à la portée ou au fret.

18. De la nourriture des matelots.

19. De l'obligation des matelots de continuer le voyage de retour.

20. Du droit des matelots en cas de prolongation ou de raccourcissement du voyage.

21. Quand les matelots peuvent aller à terre.

22. Des indemnités dues par le chargeur en retard.

23. Du capitaine qui a besoin d'argent en route.

24. Des obligations du locman qui conduit un navire au lieu de décharge.

25. De la punition du locman qui fait périr le navire.

TEXTE FRANÇAIS.

(Archives de Bayonne, AA, 1, Registre.)

Est la copie de la carte Dolairon des jutgements de le mer.

1. Primer l'enffet ı home mestre d'une neif; la neif est à ıı homes ou à ııı; la neif s'en part du pays dont il est et vient à Bourdeaux ou à la Rochele ou aillours, et seffrette à aller en pais estrange; le mestre ne puet pas vendre la neif se il n'a commandement ou procuracion dez seingnours; mes se il a mestir de despens, il puet bien metre auçun

dez apareiz en gage par le conseil des compainhgnons de la neif. Et se est le jutgement en cest cas.

2. Une neif est en 1 havre et demore pour atendre son temps; et quant vient a s'en partir, le mestre doit prendre conseil o ses compaingnons et lor dire : « Seignours, » vos hoite (1) cest temps? » — Aucun i aura qui dira « Le » temps n'est pas bon », et aucuns qui diront : « Le temps » est bel et bon. » — Le mestre est tenu de s'acorder o le plus des compaingnons, et se il le fait autrement (2), il est tenu rendre la neif et les deneirades, si eles se pardoient, se il [a] par quoi (3). Et se est le jutgement en cest cas.

3. Une neif se pert en aucunes terres ou en quel leu que soit, les mariners sont tenuz de sauver le plus qu'ils porront (4); et se il aident, le maestre est tenu à (5) engager, se il n'a deniers, de ce que il sauveront et les ramener en lor terres; et se ils n'i adient, et n'est tenu de riens lors laidre ne de les porvoir; euz perdent lors loiers quant neif est perdue. Et le mestre ne puet vendre les appareilhs de le neif se il n'a commandement ou procuracion des seingnours, ainceis les doit metre en sauvegarde duc à tant que il saché la volonté des seingnours; et le doit faire au plus laialment que il pourra; et se il le fesoit autrement, il est tenu de l'amender se il [a] par coi (6). Et se est le jutgement en cest cas.

4. Une nef se part de Bordeaux ou d'aillors, il avient

(1) *Vous haite*, dans Dom Morice et dans d'autres textes, c'est-à-dire : « *Ce temps vous plait-il ?* » C'est la leçon ancienne, que le copiste suivi par M. Pardessus n'a pas comprise et a changée en : « *Nous avons cest temps.* »

(2) *Et la nef s'en perdait*. P.

(3) *S'il a de quoi*. P.

(4) *De la neif et des darrées*. P.

(5) *Lor bailler lors coust resonnablement à venir en lor terre, s'ilz ont tout sauvé par quoi puisse le faire, et poet bien engager.* P.

(6) *S'il y a de quoi*. P.

auqune fois que el s'enpere : l'en sauve le plus que l'en puet des vins et des (1) derrées ; les marchanz et le maestre sont eñ grant debat, et demandent lez marchanz dou maestre avoir lours derrées ; ils les devent bien avoir, paiant lor ffret de tant comme le neif affeit du beatge, se il plest au maestre ; et se le maestre veust, il puet bien adober sa neif se ele est en cas que ele se puesce adober prestement, et se non, il puet loer une autre neif affaire le beatge ; et aura le mestre son ffret de tant come il aura des denrées sauvez par aucune manière (2). Et se est le jutgement en cest cas.

5. Une neif s'en part d'aucun port chargée ou boiante (3) et arribade ad aucun port, les marinans ne devent pas issir hors sanz le congié du maestre ; car si le nef se perdoit ou s'enperoit par aucune aventure, ils seroient tenuz à l'amender, se ils ont par quoi. Mes si le neif estoit en leu où ele fust amarée de quatre amares, ils (4) puent bien estre

(1) *Autres.* P.

(2) L'article finit ici dans les manuscrits d'Angleterre ; ceux de France ajoutent plusieurs lignes que M. Pardessus a admises dans son texte : « Il est difficile, dit-il, de déterminer l'époque de cette » addition, conforme d'ailleurs aux principes les plus exacts de » l'équité et du droit commun et adoptée par l'article 89 de l'Edit de » 1584 ; elle est certainement ancienne, puisqu'il n'existe aucun ma- » nuscrit ou édition de France qui ne la contienne. » Cette addition est ainsi conçue : « Et doit le fret des dictes darrées qui sont sauf- » vées estre compté, livre à livre, et les dictes darrées à payer leur » avenant des cousts qui auront esté mis es dictes darrées sauvfer. » Et si ainsi estoit que le mestre et les marchantz promeissent as » giens qui lor aident à sauvfer les dicts biens et la neef, la tierce » partie ou la moitie de la neef et des dictes darrées qui purroient » estre sauvfées, pour le péril où ilz estoient, la justice du pays doit » bien garder quelle peine et quel labeur ilz auroient mis à les sauf- » ver, et selon cette peine, non contrestant la promesse que le mestre » et les marchantz lor auroient faicte, les guerdonner. »

(3) *Voide.* P.

(4) *Adongx.* P.

hors (1) et ils (2) en revenir par temps en lor neif (3). Et ce est le justgement en ces cas.

6. Marinans se soldent a lor meste, et si (4) aucuns de els que s'en issent sanz congié et s'enivrent et font conteimz, et en i a aucuns qui sont naffrez, le mestre n'est pas tenuz a lez faire garir ne à les porvoier de rienz, ainz lez puet bien mestre hors et loier autre ; et se il coste plus que celui, il le doit paier, si le mestre trove rienz du sien. Mes si le mestre l'envoihe en aucun service de la neif par son commandement, et il se blessast ou l'en le naffrast, il doit estre gariz et sanez sur les couz de la neif. Et ce est le jutgement en cest cas.

7. Il avient que maladie prent à i des compaingñons ou a ii ou a iii en fesant lour service de la neif, il ne puet pas, tant est malade, estre en la neif, le maiestre le doit metre hors et li querre hostel, et li laidre crusset (5) ou chandele et li laidre (6) i de ses vaillez de la neif à le garder ou loer une feme qui s'en prenge garde, et le doit pourvoier de tele viande comme l'en use en la neif, c'est assavoir de tant comme il prist se il fust en santé, et riens plus se il ne li plest ; et se il veust prendre viandes plus deliquades, le maiestre n'est pas tenuz à li querre, s'il n'est à ses despens ; la neif ne doit pas demorer pour luy, ainces se doit aler, et se il garist, il doit avoir son loier tout au lonc, et se il muert, sa feme o ses privez le devent avoir pour luy. Ce est le jutgement en cest cas.

8. Une neif charge à Bourdieux ou aillours et avient

---

(1) P. ajoute : *Sans le coumandement du mestre, laissant une partie des mariners à garder la neef et les darrées.*

(2) *Eulx.* P.

(3) P. ajoute : *Car s'ilz estoient en demeure, ils le deibvent amender, s'ilz ont par quoi.*

(4) *Ilz y ont.* P.

(5) *Gresset.* P.

(6) *Bailler.* P.

chouse que torment lo prent en la mer et que il ne puent eschaper sans geter des denrées de leienz (1), le mestre est tenu à dire es marchanz : « Seingnours, nos ne poons eschaper sanz geter les vins o de les denrées. » — Les marchanz, se il en i a, en respondent lor volenté et gréent bien le giet par aventure ; lez resons au mestre en sont plus cleres. Et se il ne le gréent, le mestre ne doit pas lere pour ce que il n'en giète tant que il verra que vien (2) soit, jurant se tierz de ses compaingnons sur les saincts evangelis, quant il sera venuz à terre, que il le fesait pour sauber le cors et la neif. Et les deirées et les vins qui seront getéez devent estre aprisagez auffuer (3) de ceux qui seront venuz a saubeté, seront vendus, et partiz livre à livre entre les marchanz ; et doit le mestre partyr et conter sa neif ou son ffret asson chois pour restorer le domage. Les marinans devent avoir i tonel ffranc chascun et l'autre doit partir ou giet segont que il aura, se il se deffant à la manière (4) comme un home ; et se il ne se deffant, il n'aura rien de franchize ; et en sera le maestre creu par son serrement. Et ce est le jutgement en cest cas.

9. Il avient que un mestre de une neiff cope son mast par forsse de temps ; il doit apeler les marchanz et lour mostrer que il convient coper le mast pour sauver la neif et les denerades. Et auqune fois avient que l'en cope chables et lessent ancres pour sauber la neif et les denerades ; ils devent estre contez livre à livre comme giet, et i devent partir lez marchanz et paier sanz nulh delai tot avant que les denerades soient mises hors de la neif ; et si le neif estoit en dur sege et lo maestre demoroit par lour debat et il i eust correison (5), le mestre ne doit pas partyr (6), ain-

(1) *De dedans.* P.
(2) *Vien* pour *bien*, prononciation gasconne.
(3) *Apprisés à fur.* P.
(4) *En la meer.* P.
(5) *Couleison.* P.
(6) *Pastir.* P,

ces en doit avoir son fret comme des autres qui sont sau-bes. Et ce est le jutgement en cest cas.

10. Un maestre de une nef vient a saubeté a sa (1) des-charge ; il doit mostrer as marchans les cordes o coi il guindera ; et se il veent que il i ait que amender, le maes-tre est tenu à les amender ; quar , se li tonel (2) se pert par faute de guinde o de cordage , le maestre est tenu à l'amender luy et ses marinans ; et i doit partir le maestre par tant que il prent au guindage, et doit le guindatge estre mis arrestorer le domage premièrement, et le remai-gnant doit estre parti entre els; mes si corde se rompoit sens que il l'eust mostré as marchant, il seroit tenu à rendre tot le domage; mes si les marchant dient que les cordes soient beles et bonnes ; et il rompe chascun doit partir au domage, c'est assavoir le marchant qui le vin soit tant solement. Et ce est le jutgement en ce cas.

11. Une neif charge à Bourdeux ou aillours, et leve en sa voille pour arriver sez vins, et s'en part, e n'affient pas le mestre et sez marinans lour bocle si come ils deussent; et les prent mal temps en le mer en tele manéire que la fustailhe de laiens (3) effondre ou tonel ou pipe, la neif vient à saubeté ; les marchanz dient que lour fustailh [a] les vins perdus , le maestre dit que non fut ; si le maestre puet jurer luy et ses marinans iii o iiii de ceux que les marchanz esliront que lors vins se perdirent pas par lour fustailhe, come les marchanz lor metent sus ; alors ils en doivent estre quites et délivrés ; et se ils ne volent jurer ; ils doivent rendre as marchanz lor domages (4) , car ils sont tenuz d'afier lor bocles et lor eslores bien et sertai-nement avans eux devient partir de la où eus chargent. Et ce est le jutgement en cest cas.

(1) P. ajoute : *droicte*.
(2) P. ajoute : *ou pipe*.
(3) *De dedans*. P.
(4) *Tous les damages qu'ilz auront*. P.

12. Un maestre loe (1) ses mariners et les doit tenir en pes et estre lor jutge ; se il i a nul qui endomage (2) l'autre pour quoi ils aient pain et vin à table , celuy qui desmentira l'autre doit paier IIII deniers , et le mestre, se il desment nul , en doit paier VIII, et se il i a nul qui desment le mestre, il doit paier autel amente comme le mestre. Et ce ainsi est que le mestre enferge I des mariners, il doit atendre le première colée ; comme de poin ou de paume, et se il le fiert plus , il se doit (3) deffendre, et si le marinal fert le mestre premier, il doit perdre c sous o le poing au choes au mariner. Et ce est le jutgement en cest cas.

13. Une nef frete à Bourdeaux ou aillors et vient à sa descharge, et font chartre-partie, toatge et petits locmans (4) sont sus lez marchanz : en le coste de Bretaingne , touz ceus que l'en prent puis que l'en a passé l'ile de Baz en Leon sont petitz locmans ; et ceus de Normendié et de Engleterre, puis que l'en a passe Genere (5) , et ceus de Flandres puis que l'an passe Calais, et ceux d'Escoce, puis que l'an passe Jarnemue (6). Et ce est le jutgement en cest cas.

14. Contens se feit en une neif entre le mestre et ses mariners, le mestre doit oster la toaille d'avant son marinal (7) trois fois avant que il le mege hors (8) ; et si le marinal offre affaire l'amente (9) à l'ezgar des marinans qui sont à la table, et le mestre soit tant cruel que il n'en veuge rienz faire et le remet hors ; le marineer s'en puet aler et

(1) *Alloue.* P.
(2) *Endemente.* P.
(3) *Poet.* P.
(4) *Lodmanage.* P.
(5) *Gernesaie.* P.
(6) *Yernemouth.* P.
(7) *Ses mariners.* P.
(8) *Que il les commande hors.* P.
(9) *L'amende.* P.

seure la neif dusques à descharge, et doit avoir ausi
son (1) loueir comme se il estoit venu dedens, amendant
le forffet à l'esgart de la table. Et se ainsi est que le mestre ne prenge ausi bon marinal comme luy en le neif, la
neif s'enperge per auqune avanture, le mestre est tenu à
rendre le domage de la neif et de la mercaderie que is-
sera, se il [a] par quoi. Et ce est le jutgement en cest cas.

15. Une neif est en 1 couvers tant et amarée, une autre (2) neif vient dehors la mer et ne se guoberne pas bien,
et ffiert sus l'autre neiff qui est en se peis, si que le nef
est endomagé du cop que l'autre li donne et i a dez vins
effoncéz d'aucuns; le domage doit estre prisagié et parti
meite a meite entre lez dus nefs et les vinz qui sont dedans
les II nefs [deibvent] partir aussi le domage entre les marchanz; le mestre de le nef qui a fferu l'autre est tenu à jurer luy et ses marinans que il ne le ffirent pas de gré. Et
est rezon pour coy cest jutgement fut fet : si est (3) que une
veille nef se meist voluntiers en la voie à une meilore, si
ele eust toz sons domages, pour qui avoir (4) l'autre nef;
mies quant ele set que ele i doit (5) partir a la maité, ele
s'estrait voluntiers hors de le boihe (6). Et ce est le jutgement en cest cas.

16. Une neif ou II o plus sont en 1 havre où il i a poi
aigue (7), et si asechee, l'une dez nef est pres (8) l'autre
nef, le mestre d'icele nef doit dire as autres as marinans
de l'autre : « Seingnours, lévez vostre ancre, car il est
» trop pres de nos et nos porroit feire domage; » — ils ne le
volent pas lever, le mestre puet luy et ses compaingnons

(1) *Bon.* P.
(2) *Et ostante de la marrée, une autre.* P.
(3) *Si ensi soit.* P.
(4) *Pour guidoir.* P.
(5) *Quand ensi soit qu'ele doit.* P.
(6) *La voie.* P.
(7) *Eulbe.* P.
(8) *Trop près.* P.

la lever et l'éloingner de luy ; et si ils le tolent à le lever
et l'autre lour faze domage, ils sont tenus à l'amender
tout au lonc. Et si ainsi estoit que il y aust mis ancre senz
boiée, et il feit domage, ils sont tenuz à les restorer tout
au lonc (1). Et si ils sont en une havre qui aseche, ils sont
tenuz à metre balinges à lour ancres qui pergent (2) au
plain. Et ce est le jutgement en cest cas.

17. Les marinans de la coste de Bretainhe ne devient
avoir que une quisine le jour, par la rezon que ils ont be-
vratge alant et venant ; et ceux de Normandie en doivent
avoir dous le jour, par la rezon que le mestre ne lour baille
que egue à l'aler ; mes pesque (3) le nef est en le terre o
le vin creist (4), les marinans en doivent avoir bevrage et
lour doit querre le mestre. Et ce est le jutgement en cest
cas.

18. Une nef est arrivée à sa sarge à Bourdeaux ou ailours,
le mestre est tenu à dire à ses compaingnons : « Seinhors,
» ffreiteres vous a mareages, ou vos le leirez au ffret de le
» nef? » — Ils sont tenuz à respondre lequel ils feront ; et si
ils elissent au ffret de le nef, tel ffret come le nef aura, ils
auront ; et si ils volent ffreter par els, ils devient ffreter
en tele manere que la nef ne soit demorante ; et se il avient
que il ne trevassent ffret, le mestre n'i a nul blasme ; et
lour doit le mestre mostrer lour reins et lour leize (5), et
il i puent mettre le pesant de lour mareage chacun ; et se
ils volent y metre tonel de iaue (6), il y puent metre ; et si
geteissont se ffet et lour tonel de iaue soit geté en le mer,
il doit estre conté pour vin o pour autres deneirées livre a
livre, pour coi (7) les marinans se puissent deffendre re-

(1) Toute cette phrase est omise dans P.
(2) *Qu'ils apiergent.* P.
(3) *Ores puisque.* P.
(4) *Que est.* P.
(5) *Lor rive leire.* P.
(6) *De l'ealbe.* P.
(7) *Et si.* P.

zonnablement à le mer; et si ainsi est que ils se fretegent as marchans, tele ffranchise comme le marinal aura, doit estre au marchant. Et ce est le jutgement en cest cas.

19. Une nef vient à descharge, les marinans volent avoir lour loiers, il en i a aucuns qui n'ont ne lit ne arche beens (1); le mestre pouet retenir de son loier pour rendre la nef la on il a prest (2), se il ne done bone caution de fornir le viage. Et ce est le jutgement en cest cas.

TEXTE GASCON.

(Archives de Bayonne, AA, 2, Registre.)

1. ... une nau; le nau es de dus homis o de tres; le nau..... vin a Baione (3), a Bordeu o ailhor, et freyte per anar [en pais estrauge, lo meste no pot] pas vener le nau sino ab comaudement [o procuracion deus senhors; mas] se ed ha mestir de despens, eg pot [be] meter [aucuns apparelhs en gages per] cosseilh deus [compainhons] de le [nau]. Et se..... (4).

2. Une (5) nau es a un havrin et demore [per attendre] son temps; quent bien a [se] partir d'aqui, lo meste d [eu prendre] son cosseilh [en sous] compaignons et diser a lor :

(1) *En la neef.* P.

(2) *La prisrent.* P.

(3) Chaque ville, en s'appropriant les Rôles d'Oléron, y introduisait les modifications de noms déterminées par sa position; c'est ainsi que les copies anglaises portent des noms anglais ; ici Bayonne a remplacé La Rochelle.

(4) Les lacunes, malheureusement très-nombreuses de ce texte, proviennent du déplorable état dans lequel se trouve actuellement le manuscrit.

(5) Dans tous les articles de ce manuscrit la lettre initiale qui devait être ajoutée (majuscule rubrique) manque ; il est facile de la suppléer.

2

« Platz vos aquet temps? » — Augun qui dizera : « Lo
» temps no es pas bon, » et auguns que disen: « Lo
» temps est bel et bon. » — Et lo meste es tingut d'accor-
dar se au diis deus pluys compainhons, et si ed fey autrement, es tingut de [redre] la nau ab los [dierades]..... lo
pert, se [a de que. Et asso es lo] jutgement en quest cas.

. 3. Une nau se pert en augunes terres en quaucque loc
que [sia], los marines son tenguts de sauvar tant cum
puisquen ; et se edz y ajuden, lo mageste es tingut de en-
gady de so que sauberan, se eltz no han diers, et de arrer
tremeter los en lors terres ; et se etz no ajudaren, no es
tingut de arres dar a lor ni de provedir ; antz perden lors
loguers quent la nau es pergude. Et lo mageste no pos bener los apparelhs de le nau si ed no ha mandement o po-
der deus seinhors, antz los deu metre en saubegarde tant
entron ed sapi les voluntatz dous seinhors ; et asso deu far
au plus leyaumentz que puyra ; en autre maneyre, ed es
tingut de amendar, se ha de que. Et aquest es lo judgement en quest cas.

4. Une nau se part de Bordeu o de ailhor, aben angues
betz que hom saube lo meis que hom pot dous vincs et de
les dierades ; et los mercaders et lo meste son en gran debat, et domanden los mercaders au meste les dierades, et
etz les deben bey aber, pagan lor freyt de tant cum le nau
aure feyt dou viadge, si platz au meste ; et si lo meste le
bou et pot bey adobar [sa nau, si es en] caas que pusque
adobar ades, et se no, ed pot bey logar [une autre nau af-
far] lo viadge ; et aura lo meste son freyt de les causes
sauvades [tant cum y aura de dierades sauvades]. Et aquest
es lo judgement en quest cas.

5. Une nau se part de augun port [cargade o vuyte, e
arribe en augun port], los marines no deben ychir fore
[sens congeyt del meste, car se le] nau se perde o se em-
peyorave per augune [maneyre, edz seren tengutz a l'a]-
mendar, se aben de que ; mes, si le nau esta [en loc on
fos amarrada de quatre] amarrhes, edz poden bey [ychir]

defores et tor[nar per temps a le nau. Et a]quest es
judgement en quest caas.

6. Marines [se] loguen [en lor meste], et ay auguns de
quetz qui [salhen defforas] chen voluntat [del meste] et
s'enbriaguen et fen contens, [et ay auguns de quetz] qui
son plegats ; lo meste no es pas tengut de lor far garir ni
provedir de [res], antz los pot bey gitar de le [nau] et logar un autre ; et se aquet coste plus que l'autre, aquet lo
deu pagar [si lo meste] ares trobe deu son. Mas si lo meste
l'anvie en augun loc per lo service de le nau per son commandement, et ed se plague o autres lo plaguen, ed deu
estar garit et saubat sober los cots de la nau. Et asso es lo
jutgement en quest caas.

7. Aven que malaudie prent a hun deus compainhons e
a dus o a tres fasen lo service de le nau, et tant malau es-
tan, no pot estar en le nau, et lo mestre lo deu metre fore
et metre en hum hostau et dar crusset et candele et hun
deus macips de le nau a gardarlo o logar une femme
qui prengue garde de luys, et lo deu proveder de tau
biande assi com si fosse sanc et no plus, si lo meste nos
bou ; et si ed bou biandes plus delicioses, lo meste no es
pas tingut de dar si no a les despenses deu malau ; la nau
no deu pas demorar par luy, abans sen deu anar ; et se ed
garis, deu haber son loguer tot au lonc ; et se mor, sa
moilher o sous privis lo deben haber per luys. Et aquest
es lo judgement.

8. Une nau est chargée a Bordeu o ailhor, et vins caus
que turmente le nau en le mar et que ele no pot escapar
chens gitar de les empleytes delaffens ; lo meste es tengut
de dizer aus mercaders : « Seinhors, nos no poden escapar
» sentz gitar dous bins o dierades de fore. » — Les marchantz responen lor voluntat et girent bient le git per aben-
ture ; les resons [al] meste en son plus clairs ; et se il ne
le girent, no sen deu pas lechar per so que [il n'en gete],
tan que il beira que bey sont, jurant si tertz de sous compainhons sus l[es sainz evange]lis, quen il sera venguts à

terre, que il affasoyt per saubar los cos et le [nau. Et les]
dierades et los binzs qui seran gitats deben estar pre[za^t
a fur de quetz qui] seran benguts a saubetat, seran benutz'
et partitz liore a liore [enter los mercaders, et lo meste deu]
partir et contar sa nau o son freys asson [chois] per resta-
[urar lo damptnage. M]arenes deu aver hun tonel franc
chascun [et l'autre deu partir ou get segont] que il aura,
se il se deffen a le mar come hun [hom, et se il ne se deffen, il n'aura] ren de franquesse ; et quen sera lo maeste
[crezuts sus son sagrament. Et a]quest es lo judgement
eu quest caas.

9. Il avient que un maeste de une nau cope son mast
per force de temps ; il doit apeler les marchantz et [lor
mostrer que il conviént] copar lo mast per saubar le nau
et les de[nrées. Et]augu [ne fois il avient que l'en] cope
caples et lachen ancres [per] saubar le nau et les denrées ;
[ils devent] estre [contez] livre a livre comme get ; et y
devent] partir los marchantz et aner sentz nulh delai tot
avant que lor denrées sien mises hors de le nau ; si le
nef estoyt [en dur-sege] et lo meste demorabe per lor
debat et n'agosse getement, lo meste no y deu pas esponer ni partir, antz deu aber son freyt cum de les autres qui seran saubades. Et asso es lo judgement en quest
caas.

10. Un mestre d'une nau vin a saubetat [et deu mostrar
als] mercader les cordes ab les quoaus guindera ; et se edz volen que y a ad amendar, lo mestre es tingut de amendarles ;
et si lo tonel se pert per deffaute de guinde ò de cordes, lo
mestre es tingut de amendar et sons mariniers ; et lo mestre deu partir per tant cum ed pren au guindatge, et deu
lo guindatge estar metut primerements ad amendar lo
damptnage et lo remadent deu estar partit enter lor me-
dichs. Se corde sa romp, se no ave mostrat au marcaders,
etz seran tenguts d'arrener tot lo damptnage. Mas si los
marcaders disen que les cordes son beres et bones, e spe-
çien, cascun deu esponer au damptnage, so es assaber lo

mercader tant solement de cuy lo vin sera. Et asso es lo judgement en quest caas.

11. Une nau es cargade a Bordeu o ailhor, et lheven lor vele per anar, quar lo vent es bon, et lo meste et los mariners no adoben lor bocle assi cum far degossen, et pren los mau temps en le mar en tau maneyra que le fustailhe delafens esfonide et tot tonet o pipe; la nau bien a saubetat, los marcaders disen que lor fuste et lor vincxs son pergutz, lo meste ditz que no son. Si le meste pot jurar et sons mariners, tres o quate d'aquetz que los [mercaders an legit], que lors vincxs no pergon per lor fuste com los mercad[ers lor meten sus], etz ne deben estar quitis et delivres; et se edz no volen jurar, etz [deben redre a los] mercaders lors dampnatges, quar edz son tingutz de plan adobar [lor bocle] bet et sertanementz abantz que edz parquen de la [ont edz carguan. Et asso es lo] judgement en quest caas.

12. (1) Un meste logue sons mariners ed los deu thiers en patz et estar lor judge, et sen i a augun qui fase damnatge a d'autre, per que edz ayen patz, pan et vin a taule, aquet qui desmentira autre deu paguar quate diers; et si lo meste ne desment augun [deu paguar VIII diers; et sen i a augun qui desment lo meste], deu pagar tant en mende cum lo meste; et si avin que lo meste feri augun dous mariners, ed deu demorar lo prumer coup, cum de punh o de paume, et se plus lo fer, ed se deu deffener; et si lo mariner fer primer lo m[este, ed deu] perde C. sols o le punh, au chois dous mariners. Et so es [lo judgement en quest caas.]

13. (2) Une nau es afreytade a Bourdeu o ailhor et viene

(1) Cet article occupe le n° 23 dans le manuscrit. Je l'ai replacé ici au rang qu'il occupe dans tous les autres manuscrits et dans l'édition Pardessus. Il n'y a dans le manuscrit gascon qu'une simple transposition.

(2) C'est le vingt-quatrième du manuscrit gascon. Rétabli à sa place comme le précédent.

assa descargue, et fen carte parthide ; toadge et petits locmans son sober los mercaders : en le coste de Bretainhe
todz cedz que hom pren puchs que ha passat l'isle de Bas
o Leon , son petits locman , et ceds de Normandie et
d'Angleterre puchs que hom ha passat Grenese o Gar-
nesy, et los de Flandres puchs que hom passe Yernemue.
Et se es lo judgement en quest caas (1).

. 14. Content abin en une nau enter lo meste eus [mari-
ners, lo meste deu] ostar la tavalhe devant son mariner
tres [vetz] avant [que lo mete] fore de le nau ; et si lo mariner aufer de far amende a l'esgoart deus [mariners] qui
son en le taule, et lo meste sie ta mau et ta cruden que
ed no vulhe far ares , anz gete defore , lo mariner sen
pot anar et seguir la nau per deffores entro a la des-
c[argue] et deu aber ta bon loquer comme si fos vingut la-
fens , amendan lo forfeyt a l'esgoart de le taule. Et si assi
es que lo mayeste [no prengue] autabey lo mariner cum
luy , et se le nau se perde per augune henture , lo mestre es tengut d'arener lo dampnatge de le nau et de mar-
caderies que sera lafentz, si ha de que. Et asso es lo judgement en quest caas.

15. Une nau ez en un loc tendide et amarrade , une
autre vin qui es en aquere mediche terre, assi que le nau es
dampnadjade de cop que l'autre le da, e y ha deus vincxs bes-
sats d'auguns, lo dampnatge deu estar presat et pagat per
enterames les naus per mitalz, et los vincxs qui seran laf-
fentz les dues naus partir assi cum los dampnatges entre
los mercaders ; et lo meste de le nau qui a ferit l'autre
es tingut de jurar ab sons compainhons mariners que etz
no a feit pas à lor grat. Et es la reson per que quest judgement fo feyt : que une vilhe nau se mete voluntes en

---

(1) On consultera avec fruit les observations que cet article a sug-
gérées à M. Pardessus. Il élucide fort bien la version jusque-là assez
obscure des principaux manuscrits. Le texte que nous publions con-
firme son opinion et lève tous les doutes.

la vie de une autre meilhor si ere cuidave totz sons dampnatges per cutar aver l'autre nau ; mas quent ere sap que
y deu a responer a le mitat, ere se trey et s'oste voluntes
fore de le vie. Et aquest es lo judgement en quest cas.

16. Une nau o dues o meys son en un auvre es ha petit
d'aigue ; et une de le naus es en sec et es prees de l'autre
nau, lo mestre de querre nau deu diser aus mariners de
l'autre nau : « Seinhors, lhevatz vostre ancre, car ere es trop
» pres de nos, ens poyri far dampnatge. » — Et [se] etz no lo
volen far lhevar, lo mestre et sons compainhons le poden
lhevar et al[honar] de luy ; et se etz le tolen au lhevar
et l'autre los fey dampnadge, et son tingutz de amendar lo tot a lonc. Et se abie que a hos mes ancre en sa
vie [es faze] dampnadge, etz son tengutz de amendar et
a restituir tot au lonc. [Et si son] en un hauve que ase-
que, etz son tingutz de metre balingas o lors an[cres...]
parin au playn. Et so es lo [judgement en quest cas.]

17. Los mariners de le coste de [Breteinhe no deven]
aver mas une cosine lo die per so car etz on bevradge
anant [et venant, et cedz de] Normandie ne deben aber
dues lo die, per soque [la meste no lor bailhe] que aygue
ad anar ; puxs que le nau [es en la terra on vin creys, los]
mariners deben aver bevradge et lo meste lor deu dar. Et
so es lo jutgement en quest cas.

18. Une nau cargade arribe a Bordeu o aulhor, lo ma-
gestre es tingut de diser a sous compainhons : « Seinhors,
» affreyteratz vos a mareadges, o bolets anar au freyt de
» le nau ? » — Etz son tingutz de a responer so que etz ne
bolen far ; et se etz eslien que au freit de le nau, tau cum
l'aura etz l'auran ; et se etz bolen afreytar per lor, etz deben afreytar en tau maneyre que le nau ne demorie. Et
si avin que no trobin freyt, lo mestre non es en coupe
d'ares. Et qu'eus deu le mestre mostrar lors vies [et].
lor loyer, et assi poden mete lo pes de lor mareadge cascun, et se y vol[en mete] toue d'aygue, etz a poden far ;
et se geteson se fey, et lor tonel d'aygue es getat, deu es-

ser condat cum tonel de bin o per dus l'un a le valor de
l'autre, perque los mariners se pusquen deffener areso-
nablement en la mar. Et se assi es que etz s'afreytin aus
mercaders, aquere franquesse que lo mariner aura deu
estar deus marcaders. Et asso es lo judgement en quest
cas.

19. Une nau vin a descargue, los mariners volen aver
lor sentades, et assi [y a] d'auguns que no han lheït ni
fuche deffens, lo meste pot arthier de son loguer per are-
menar le nau là on le prenco, se lo mariner no da fidance
bone de fornir lo viadge. Et aquest es lo judgement.

20. Lo meste logue los mariners en sa viele ontz le nau
es, los uns a mareatges, eus autz a dies, edz beden que
le nau [no] pot trobar freyt a bier ad aguerre partide,
antz los combien anar plus lung, aquets que ban a mareadges lo deben seguir; mas aquets qui ban a diers, lo
mestre es tengut de crechir los loguers viste per viste et
cors per cors, per soque ed los ave logatz per termi et
a...; log; et se ed vie plus que le loguement or... ed deu
aver tot lo loguer; mas ed deu ajudar a tornar [le nau la
on] le prenco si lo mestre ac bou, a le venture deffous.
Et [so es lo] judgement en quest cas.

21. Avin que une nau es a Bordeu o ailhor... aura en
le nau los dus no poden portar un mees acabiatz... et de
tau pan cum y aura en le nau etz ne deben [aver... jar
enha miujar, et deu brevadge no... des a le nau assi que
lo meste non seri tingut d'amendarlo; et se lun deus compainhons se plague o se blasse, per coite d'aiude, etz son
tingutz de luys far garis et amendar au compainhon, per
lods deu mestre et deus de le taulé. Et so es le judgement
en quest caas.

22. Un mestre afreyti sa nau ad un mercader et devise
enter lor et mes hun termi autreyat [per carguar], et
quent lo mercader deu aber cargat et prest per anar, et
no affey, antz tin le nau et los mariners per XV dies o
plus, et augune betz ne pert lo maeste son temps et sa

mayso per deffaute deu marchant, [lo marchant] es tenu
a l'amendar au maestre et [de] tau [amenda] qui feyte ne
sera los mercaders lo deben pagar lo quart [als mariners]
et [a] lo meste lo tertz, per so car ed los trobi los cotz. Et
so es lo judgement en quest caas.

23. Un mercader affreyte une nau et le cargue et le met
en camin, et aquere nau entre en un port et demore tant
que diers le failhen, lo meste deu bey et pot embiat assa
terre per argent aver et nous deu pas perde temps; car
sens pert, es tingut de amendar au mercader totz los
dampnatges que et n'aura; mas lo meste pot bey prener
dous vincxs dou mercader et bener per aver de que mes-
thir aura; et quent le nau sera arribade a sa drete descargue, los bincxs que lo meste aura pres deben esser
metutz au for que los autres sién benutz, ne au mayor for
ne au menor; et deu lo mestre aver son freyt cum dous
autres prenera. Et so es lo judgement en quest cas.

24. Un homi es locman [d'una nau] et es logat a dan-
nar le trou entro au port on hom le deu descargar; et abin
[bey en] aquet port ha formes et taules et autres fust on
hom met le nau per descargar, le meste es tengut de pagar les formes, si tau [luy et] sons compainhons, et
meter berlinqueus qui atenquen a tot depley, assi que le
forme sie bey [balinge], que les mercaders no y agen
damptnage; car, si etz ne prenen damptnage, lo meste es
tengut d'amendar se ëdz no disen areson perque [ed no
sia abatut] dessa areson, et que lo locman ha bey feyt son
deber quen amenat le nau a saubetat entron le forme et
planche, et [d'aquera hora enavant los feyts son] sober lo
meste et sons compainhons. Et so es lo judgement en quest
caas.

REVUE DE LÉGISLATION FRANÇAISE ET ÉTRANGÈRE

Publiée sous la direction de MM.

Edouard LABOULAYE,

Membre de l'Institut , professeur de législation comparée au collége de France.

Eugène de ROZIÈRE,	Rodolphe DARESTE,
Membre de l'Institut, inspecteur général des Archives.	Avocat au conseil d'État et à la Cour de cassation,
Paul GIDE,	Gustave BOISSONADE,
Professeur à la Faculté de droit de Paris.	Agrégé à la Faculté de droit de Paris.

PRIX D'ABONNEMENT :

12 fr. pour la France ; pour l'Étranger, les frais de poste en sus.

N. B. La Revue paraît régulièrement tous les deux mois par livraison de 6 à 7 feuilles in-8°.

LE DROIT DES OBLIGATIONS, par Fr.-Ch. de Savigny. Traduit de l'allemand, avec notes, par MM. Gérardin, professeur à la Faculté de droit de Paris, et P. Jozon , avocat au conseil d'État et à la Cour de Cassation. 2ᵉ édition, revue, corrigée et augmentée. 2 vol. in-8°. 15 »

ESSAI SUR LE DROIT PUBLIC D'ATHÈNES, par Georges Perrot, maître de conférences à l'École normale. 1 vol. in-8°. 6 »
Ouvrage couronné par l'Académie française.

TRAITÉ DE LA PROCÉDURE CRIMINELLE en Angleterre , en Ecosse et dans l'Amérique du Nord , envisagée dans l'ensemble de ses rapports avec les institutions civiles et politiques de ces pays, et dans les détails pratiques de son organisation , par Mittermaier, professeur à l'Université de Heidelberg, augmenté des additions de l'auteur , traduit de l'allemand par A. Chauffard , juge au tribunal d'Albi. 1 fort vol. in-8°. 9 »

DE LA PROCÉDURE CIVILE ET DES ACTIONS chez les Romains , par F.-L. de Keller, professeur à l'Université de Berlin ; traduit de l'allemand et précédé d'une introduction par Charles Capmas, professeur à la Faculté de droit de Dijon. 1 beau vol. in-8°. 9 »

COURS DE DROIT ADMINISTRATIF, contenant l'exposé des principes , le résumé de la législation administrative dans son dernier état , l'analyse ou la reproduction des principaux textes dans un ordre méthodique, par M. Th. Ducrocq , professeur de droit administratif à la Faculté de droit de Poitiers. etc. 3ᵉ *édition* très-augmentée, mise au courant de la doctrine, de la jurisprudence, de la statistique , des programmes pour les concours à l'auditorat, au conseil d'État et à la cour des comptes, pour ceux du ministère de l'intérieur , du ministère des finances, de l'administration de l'enregistrement, des domaines et du timbre, etc. 1 très-beau vol. in-8°. 10 »

COURS ÉLÉMENTAIRE DE DROIT NATUREL ou de philosophie du droit selon les principes de Rosmini, par Alphonse Boistel , agrégé à la Faculté de droit de Paris. 1 vol. in-8°. 7 50

ETUDE SUR LA CONDITION PRIVÉE DE LA FEMME dans le droit ancien et moderne, et en particulier sur le sénatus-consulte Velléien, par Paul Gide , professeur à la faculté de droit de Paris. 1 fort vol. grand in-8°. 8 »
Ouvrage couronné par l'Académie des sciences morales et politiques.

LE DROIT DE PRISE (*De Jure prædæ*), par Hugo Grotius , *ouvrage entièrement inédit* ; texte latin publié pour la première fois, d'après le manuscrit autographe, par M. G. Hamaker. 1 vol. gr. in-8°. 12 »

www.ingramcontent.com/pod-product-compliance
Lightning Source LLC
Chambersburg PA
CBHW070800210326
41520CB00016B/4768